ÉLOGE FUNÈBRE

DE

L'abbé Guillaume LARRIEU

Vicaire général honoraire

SUPÉRIEUR DU GRAND SÉMINAIRE DE BORDEAUX

PRONONCÉ

Par M. l'abbé F. LAPRIE

Chanoine Honoraire, Professeur à la Faculté de Théologie

Le 28 Juillet 1876

PENDANT LA RETRAITE PASTORALE

SE VEND
AU PROFIT DE L'ŒUVRE DE LA CHAPELLE
DU GRAND SÉMINAIRE

ÉLOGE FUNÈBRE

DE

L'ABBÉ GUILLAUME LARRIEU

Vicaire général honoraire

SUPÉRIEUR DU GRAND SÉMINAIRE DE BORDEAUX

Memoria Josiæ in compositionem odoris.
La mémoire de Josias est un composé de parfums.
(Eccli. XLIX, 1.)

ÉMINENCE,

MONSEIGNEUR,

MESSIEURS,

Il me serait plus facile de pleurer que de parler; et la première grâce que je demande à Dieu, c'est de pouvoir maîtriser mon émotion.

Ce cher et excellent Supérieur! Il est donc vrai que nous ne verrons plus son bien-aimé visage, que nous n'entendrons plus sa voix, que son cœur sur lequel il nous pressait si affectueusement, lorsque nous arrivions au Séminaire, ce cœur d'ami et de père, il a cessé de battre pour jamais!

Voilà sa tombe. Depuis trois fois huit jours, il y repose embaumé de nos prières et de nos larmes; et je crois m'apercevoir que les pierres virginales de cette chapelle bâtie par lui avec tant d'amour s'associent au deuil universel de notre triste assemblée.

Oui, deuil universel; car, Messieurs, tous, tant que nous sommes ici, nous avons fait une grande, une irréparable perte. — Vous, membres de sa famille, vous avez perdu celui qui était votre ornement et votre gloire; vous, Séminaristes, vous avez perdu le plus dévoué des Supérieurs; vous, Directeurs du Séminaire, vous avez perdu un frère et un modèle; nous, prêtres, plus ou moins avancés dans la carrière, nous avons perdu un ami, un appui, un conseil; nous avons perdu celui qui occupait dans notre reconnaissance, dans notre vénération, dans notre meilleure tendresse, une place sacrée.

Il ne m'appartient pas, Éminence, de dire ce que vous avez perdu vous-même; mais la pompe insolite de cette cérémonie ordonnée par vous, témoigne suffisamment de vos regrets. C'est vous aussi, Éminence, qui avez voulu qu'une Oraison funèbre célébrât la mémoire de celui que nous pleurons.

Ah! la mémoire de M. Larrieu, c'est la mémoire de Josias, composée de parfums : *Memoria Josiœ in compositionem odoris* [1].

Jadis, pour célébrer la mémoire de Josias, de ce prince dont l'Écriture nous dit que : « *Soit avant, soit après lui, aucun autre ne lui fut semblable,* » il se rencontra un prophète. Jérémie composa en l'honneur de Josias un poème élégiaque, aujourd'hui oublié, mais qui fut longtemps chanté, nous dit le texte, dans le temple de Jérusalem [2].

[1] Eccli. XLIX. 1.
[2] Paralip. XXXV. 24-25.

Pourquoi faut-il qu'aujourd'hui, lorsque les prophètes sont dans l'auditoire, celui qui n'est rien se trouve dans la chaire !

Comme le prophète de tout à l'heure, j'ai bien dit : *Nescio loqui* [1], mais il m'a été répondu : « Je t'envoie ; va ! *mittam te... ibis* (ibid.) » et je vous demande, Messieurs, toute votre indulgence, pour la simplicité qui obéit jusqu'à être téméraire.

Du reste, s'il est vrai, comme nous l'assurent les Livres Saints, que Jérémie pleura Josias plus que personne, et que, pour louer ce bon prince, il n'eut à s'inspirer que de son cœur, « *universus Juda et Jerusalem luxerunt eum, Jeremias maximè* [2] ; » moi aussi, j'ai aimé celui que j'ai mission de louer, et peut-être mon cœur me tiendra-t-il lieu de talent.

Avec cet espoir, et sous les auspices de la Vierge Marie, Reine du Clergé, j'entreprends l'éloge funèbre de notre très-vénéré et très-cher en Jésus-Christ M. l'abbé Guillaume Larrieu, Prêtre de la Congrégation de St-Sulpice, Vicaire général honoraire, Supérieur du Grand-Séminaire de Bordeaux.

I

Oui, la mémoire que laisse M. Larrieu est un composé de parfums. Ces parfums, quels sont-ils ? J'en désignerai trois principaux, tous trois nommés dans les Saintes Ecritures.

Le premier de tous, c'est le parfum d'un champ plein

[1] Jer. 1. 7.
[2] Paralip. XXX. 25.

de fruits, *odor agri pleni* [1]. Et pourquoi ? Parce que sa vie fut une vie de continuel travail.

M. Larrieu travailla toujours. Né à Bordeaux, dans le quartier St-Michel, le 7 décembre 1810, il appartenait par sa famille, à cette classe sociale où le travail est une tradition héréditaire, autant qu'une nécessité indispensable. Si la réalité des choses ne lui permettait pas tout-à-fait de dire, comme Gédéon : « Ma maison est la dernière de ma tribu [2]; » sa maison cependant, parlons comme l'Evangile, avait le bonheur de ne pas être riche.

Dieu, au reste, l'avait doué d'un tempérament singulier qui le rendait excellemment propre au travail. Enfant de Bordeaux, il avait la vivacité, l'expansion, la jovialité qui distinguent les enfants d'une C'té justement appelée la Florence des Gaules ; mais outre les qualités essentiellement bordelaises, et, en contraste avec un défaut qui en est chez nous l'ordinaire revers, M. Larrieu avait reçu de la Providence une force, une tenacité de volonté qui n'est guère le lot que des races granitiques. Le hasard avait-il placé parmi ces races le berceau de ses aïeux et la première source de son sang? Je l'ignore ; mais ce qui est bien sûr, c'est que M. Larrieu savait vouloir à la façon des Bretons, à la façon des Basques, *animo volenti* [3]. Quand il avait dit : Je veux, les obstacles ne comptaient plus, et l'impossible même pouvait s'apprêter à reculer.

Et pourtant, il eut toujours des apparences si frêles ! Mais qu'importent les apparences? Sous ces dehors déli-

[1] Gen. XXVII. 27.
[2] Familia mea infima est in Manasse (Jud. VI. 15.)
[3] II Mach. 1. 3.

cats, il y avait, pour donner le branle à la vie, un ressort d'une souplesse et d'une énergie à toute épreuve.

Laissez venir les ans ; laissez grandir cet enfant aux cheveux blonds. Ce qu'une fois il aura entrepris, il le poursuivra avec une opiniâtreté qui prendra, à certaines heures, je ne sais quel air de naïve passion, mais qui n'aura de la passion que l'ardeur et l'entrain, sans avoir rien de son flux et de son reflux, de ses changeants caprices et de ses intermittences.

C'est sur les livres que le jeune Larrieu fut d'abord appelé à travailler.

Il entra au Petit-Séminaire de Bazas, vers l'âge de dix ans, sous le règne de M. Lacombe, ce patriarche de nos générations lévitiques, figure légendaire qui, pour nous, devient de plus en plus touchante, à mesure qu'elle s'enfonce à l'horizon de nos souvenirs. Il fut, à Bazas, le type des écoliers laborieux. A chaque fin d'année, d'éclatants succès couronnaient ses études.

De son commerce avec les auteurs classiques et de l'enseignement qu'il avait reçu au Petit-Séminaire, M. Larrieu emporta, comme fruit de son éducation littéraire, un atticisme, une pureté de goût qui devait atteindre, avec les années, un rare degré de perfection.

L'auteur inspiré de l'Ecclésiastique parle avec éloge des hommes qui ont le culte du beau : « *Homines... pulchritudinis studium habentes* [1]. » M. Larrieu fut de ce nombre. Nul ne porta plus loin ce soin scrupuleux de la forme et du style, honorable tourment de quiconque a

---

[1] Eccli. XLIV, 6.

compris les grands maîtres et est vraiment initié à l'art d'écrire. Où est le texte de ces discours, de ces sujets de méditation que nous donnait M. Larrieu et que nous entendions, que nous buvions jadis, avec autant de charme pour notre esprit, que d'édification pour notre âme ? Heureux celui qui héritera de telles pages ! Celui-là pourra se vanter de posséder un trésor comme il y en a fort peu, dans la langue de Pascal et de Massillon.

Ce que M. Larrieu avait été au Petit-Séminaire, il continua de l'être, dans un autre séjour, pendant les années de la préparation au Sacerdoce. A vingt-quatre ans, il fut ordonné prêtre. Prêtre, il revint au Petit-Séminaire, en qualité de professeur ; mais il ne fit qu'y passer.

Bientôt il fut appelé à de nouvelles études, à de nouveaux labeurs. On le chargea d'enseigner les sciences mathématiques et physiques au Grand-Séminaire de Bordeaux.

« Je ne suis pas de ceux, dirait ici Bossuet, qui font grand cas de la mathématique et des sciences naturelles. » Bossuet avait sans doute ses raisons pour parler de la sorte ; mais après tout, *in omni cognito Deus cognoscitur.* (S. Bonav.) Dieu est au fond des mathématiques et des sciences naturelles, comme au fond de toute science. Quant à M. Larrieu, il avait pour principe de faire le mieux possible tout ce qu'il avait à faire, et il se plongea dans l'étude des sciences qu'il devait enseigner, dans l'étude de la géométrie, de la physique et de la chimie. Toutes ces choses, il les enseigna avec un talent de premier ordre.

Parlerai-je de la botanique où il se fit un nom par les découvertes dont il enrichit le catalogue de la Flore girondine? — Qui donc parmi les prêtres de mon temps, a oublié ces excursions botanophiles du mercredi matin, pendant la belle saison, lorsque l'herbier sous le bras et le bâton ferré à la main, nous allions promener nos vingt ans, à travers la campagne en fleurs? *Pulchritudo agri mecum est* [1], s'écriaient nos vingt ans, avec le Psalmiste; M. Larrieu marchait en tête de la caravane, plus jeune, c'est-à-dire plus enthousiaste qu'aucun de nous, et c'était à qui suivrait le maître de plus près, pour mieux profiter de ses leçons. Quand nous revenions, après trois ou quatre heures de marche, nous avions vu, grâce à lui, autre chose que les merveilles de la nature; nous avions vu les pas de Celui dont elle chante le nom, et nous pouvions dire, comme le célèbre Linnée : *Deum immensum, omniscium, omnipotentem, transeuntem vidi.*

Vers 1846, M. Larrieu dut passer à une seconde chaire, à la chaire de philosophie. Nouveaux devoirs, nouvelles études. Peut-être pour enseigner la philosophie, eut-il la mauvaise fortune de ne pouvoir mettre entre les mains de ses élèves qu'un de ces manuels de fabrique moderne, chétifs produits signalés par un illustre italien, le Mallebranche de son pays [2], comme une des plaies de l'Église. Mais, s'il suffit d'un esprit philosophique, pour former des esprits qui lui ressemblent, qui jamais fut plus capable que M. Larrieu d'ar-

[1] Psalm. XLIX, 11.
[2] Rosmini.

river à ce résultat? Vit-on jamais un esprit plus méthodique, plus exempt de préjugés, plus perçant dans ses intuitions, plus rigoureux dans ses raisonnements, en même temps que mieux fait pour planer dans les espaces et regarder en face, sans en être ébloui, les vérités éternelles que la raison peut atteindre ?

Au-dessus de la philosophie et de toutes les sciences purement humaines, il existe une science souveraine dont la philosophie et les sciences humaines sont, de droit, les vassales et les humbles servantes, rien de plus; une science qui a Dieu lui-même pour objet immédiat et la lumière de la foi pour guide, *ratio perfecta lumine supernaturali*, comme dit saint Thomas d'Aquin. Cette science compte dans l'histoire des représentants illustres, parmi lesquels le plus illustre est celui que je viens de nommer. Un peintre de Florence a fait de saint Thomas d'Aquin un portrait fameux. On voit là le Docteur Angélique concentrant sur son vaste front tous les rayonnements qui peuvent payer tribut à l'esprit de l'homme ; et le rayonnement des philosophes antiques placés sous ses pieds, et le rayonnement des Prophètes et des Apôtres placés ceux-ci à sa droite, ceux-là à sa gauche ; et enfin le rayonnement de Jésus-Christ placé dans le ciel, au-dessus de sa tête. Ainsi illuminé, saint Thomas d'Aquin, les yeux levés en haut et plongés dans l'immensité, a l'air de vouloir s'ouvrir, à travers l'obscurité de nos dogmes, des perspectives sans limites. Ce portrait de saint Thomas d'Aquin est aussi le portrait de la science dont il s'agit, le portrait de la Théologie.

La Théologie ! la science par excellence, la science la plus digne de passionner l'esprit de l'homme, et celle qui marque le progrès ou la décadence d'une nation, suivant le degré de popularité ou d'impopularité qu'elle y rencontre.

Or, après avoir professé les sciences profanes et la philosophie, M. Larrieu fut appelé à professer la Théologie. Il la professa durant quelque quinze ans. Ce fut pour lui, si j'ose le dire, l'époque des *in-folio*. Il fit alors ample connaissance avec ces majestueux volumes dont les docteurs du moyen-âge ont grossi le capital des hommes d'étude. Sa chambre en était encombrée. Il se plaisait à les faire voyager fréquemment de sa chambre à sa chaire.

L'archéologie et la langue hébraïque, ces deux accessoires de la langue sacrée, occupaient M. Larrieu, en même temps que celle-ci. Il trouvait du temps pour tout !

Peu d'archéologues en France égalaient sa compétence et sa valeur. Pour l'hébreu, il était hors ligne et à peu près sans pair.

La Casuistique lui avait livré la clef de ses problèmes. Quelque difficile que fut le cas sur lequel on le consultait, on était sûr d'avoir une solution précise et motivée.

Du reste, il y a quelque chose qui vaut mieux que d'être un théologien savant, c'est d'être un théologien correctement orienté ; j'entends par là un théologien docilement tourné vers la Chaire infaillible de Pierre et vers les doctrines que cette chaire proclame ou protége. Or, tel fut M. Larrieu.

Ce n'est pas lui qui jamais en serait venu à se mettre en tête, que personne au monde puisse avoir plus d'esprit que l'Église romaine, et son enseignement prenait le mot d'ordre à Rome, *ob potioriem principalitatem*, comme dit

S. Irénée[1]. Ce n'est pas à lui qu'il fallai parler de cette école singulière qui emprunta son nom au vieux nom de notre patrie, et qui imagina cette thèse bizarre, que c'est aux brebis de conduire le Pasteur, et au Pasteur de se laisser conduire par les brebis. Pour cette fille clandestine du despotisme césarien et de la faiblesse de quelques évêques courtisans, il avait les sentiments qu'elle mérite, et se faisait honneur d'appartenir simplement et sans réserve à l'Ecole catholique, de quelque nom qu'on voulût appeler celle-ci, fût-ce du nom d'Ultramontaine.

Tout ce que nous avons dit jusqu'à présent se rapporte exclusivement au travail que M. Larrieu fit sur les livres. En voici un autre d'un genre plus élevé et qu'il conduisit de front avec le premier; je veux parler de son travail sur les âmes.

Que sont les livres auprès des âmes? Ah! les livres, M. Larrieu les avait fréquentés plus que personne; suivant l'expression de l'Écriture, il les avait *dévorés* comme pas un [2]. Ne croyez pas cependant, qu'au fond, il accordât aux livres et à la science qu'on y puise une importance exagérée.

Qui addit scientiam, addit et laborem [3]. M. Larrieu savait cela; il savait aussi que la science à laquelle on parvient ici-bas n'est guère qu'un néant, *vanitas* [4], et que le plus savant de tous, est celui qui sait le mieux qu'il ne sait pas grand chose, et pourquoi il ne sait pas

---

[1] Adversùs Heres., lib. III, c. 3.
[2] Comede volumen istud. (Ezech. III, 1.)
[3] Eccl.
[4] *Ibid*.

grand chose. Volontiers il s'exprimait là-dessus avec un accent presque sceptique, avec l'accent de l'Ecclésiaste, ce livre qu'on a nommé le poëme du désenchantement. Mais quand il s'agissait non plus des livres et de ce qu'ils renferment, mais des âmes, oh! alors tout scepticisme avait disparu, pour faire place à l'accent du respect et de la piété attendrie.

M. Larrieu aurait facilement inventé la parole de sainte Catherine de Sienne : « Si nous savions ce que c'est qu'une âme, nous voudrions cent fois par jour mourir pour la sauver. » Il eût été capable d'ajouter : « Cent fois par jour pour une âme quelconque, deux cents fois pour une âme de séminariste. »

Les âmes des séminaristes! C'est sur elles particulièrement que sa vocation l'obligeait à travailler, et, certes, il ne fut pas traître à sa vocation.

Tout le monde sait que notre cher défunt s'était enrôlé dans cette pieuse Compagnie de St-Sulpice qui, malgré sa modestie, ne put empêcher Fénélon mourant de lui rendre ce témoignage : « Je ne connais rien de vénérable et d'apostolique comme St-Sulpice. »

Le Séminaire était donc le théâtre à peu près unique de sa vie. Simple directeur, il n'en sortait guère; devenu Supérieur (ce qui eut lieu en 1862), il en fit son univers. Mais soit comme directeur, soit comme Supérieur, il ne cessa de travailler, et cela avec un dévouement infatigable, sur les âmes des séminaristes.

Travail auguste entre tous et dont la seule pensée m'émeut! Qu'est-ce en effet qu'un Séminaire et des séminaristes ?

Je vis le Semeur qui s'en allait semer sa semence, *exiit qui seminat seminare semen suum* [1]. Ce Semeur, c'était Dieu ; la semence que répandait sa main, c'étaient des élus; le champ où il la jetait, c'était le monde, *ager autem est mundus* [2]. Mais dans le champ du monde, il y avait un coin privilégié, plein d'ombre et de recueillement, gardé par une clôture infranchissable aux profanes ; et je vis le Sauveur qui jetait là une semence de choix, une semence d'élus parmi les élus.

Ce coin privilégié, c'est le Séminaire; ces élus parmi les élus, les élus du sanctuaire, les élus de l'autel, ce sont les séminaristes.

En entrant ici, les nouveaux venus y apportent des âmes bouillonnantes de jeunesse, et Dieu sait quels mystérieux combats, quelles mystérieuses mêlées se cachent sous ces derniers mots. *Quartum penitus ignoro.. viam viri in adolescentiâ* [3]. Il faut de ces jeunes gens faire des âmes d'anges, et quand on en a fait des âmes d'anges, il faut en faire des âmes de prêtres ; et voilà quel fut le constant travail de M. Larrieu, pendant quarante années. Quarante années durant, il mit à ce travail tout ce qu'il possédait de ressources dans son esprit et dans son cœur. Tout, de sa part, tendait à ce but : faire des anges, et, par dessus, des prêtres. Je dis par dessus, et ce n'est pas vous, Messieurs, qui vous étonnerez de ma parole. Vous savez, en effet, que Dieu a placé la dignité des prêtres au-dessus de celle des anges. Saint Thomas l'enseigne formellement dans la troi-

---

[1] Luc, VIII, 5.
[2] Matth., XIII, 38.
[3] Prov. XXX. 18-19.

sième partie de la *Somme* [1]. Avant S. Thomas, S. Bernard avait dit des prêtres : *prœtulit angelis* [2], Dieu les a mis plus haut que les Anges. Et avant S. Bernard, S. Grégoire de Nazianze nous avait montré les Anges inclinés devant le Sacerdoce, dans un sentiment de profonde vénération. *Sacerdotium ipsi quoque angeli venerantur* [2].

M. Larrieu était pénétré de ces sentiments. Aussi, quand il voyait ses chers séminaristes approcher de l'époque où il fallait leur dire : *Vos autem vocabimini sacerdotes, ... ministri Domini* [3], bientôt vous serez prêtres, ministres du Seigneur, comme alors il redoublait de sollicitude et de soins ! Comme il se reprenait à son œuvre ! Comme ses instructions, ses exhortations devenaient plus pressantes, plus solennelles ! Comme il gravait, comme il burinait dans l'âme des ordinands les maximes maîtresses dont la sienne était pleine ! Quelle haute idée il savait donner des saints mystères !

Après bientôt trente ans, j'entends encore retentir à mon oreille certains discours de retraite préparatoire à l'Ordination ; j'entends, je vois le prédicateur, le prophète, le saint : *fluvius igneus rapidusque egrediebatur de ore ejus* [4] ; c'était du feu, de la lave, et l'impression qu'il nous faisait éprouver se réveille toute vive, au plus intime de mon être.

Et pourtant, ce qu'il disait en public faisait peut-être une impression moindre, que ce qu'il disait dans le tête-à-tête de la direction.

[1] III.ª P. Q. 22-a. A.
[2] Ad Past.
[3] Is. XLI, 6
[4] Dan. VII 10

Au confessionnal, l'impression était plus forte que partout ailleurs. C'est là surtout, dans le secret du Sacrement, que cet homme de Dieu avait le don de façonner, de pétrir, de forger les âmes. Quelle spiritualité puissante et féconde, dans l'allocution, dans la *morale* qu'il vous adressait après vos aveux ! Ce n'était qu'un discours de cinq minutes au plus, mais j'ose vous demander, à vous qui fûtes ses pénitents, si jamais vous avez rencontré quelque chose de plus substantiel, de plus pénétrant, de plus céleste, et, je ne crains pas de l'ajouter, bien que le détail puisse en paraître puéril, quelque chose de plus irréprochable sous le rapport de la diction et de la forme? Dans ces quelques mots du confesseur, il y avait de quoi nourrir l'âme pendant toute une semaine.

Ah ! cher Monsieur Larrieu, que d'anges, que de prêtres vous avez faits, vous après Dieu ! Du haut du ciel, contemplez cette assemblée et vous verrez votre ouvrage. Ces prêtres de vingt-cinq à cinquante-cinq ans, ces prêtres si édifiants, si zélés, animés d'un si bon esprit et qui font tant de bien, c'est vous, après Dieu, qui en avez fait le plus grand nombre.

Regardez non plus ici, mais plus loin, au-delà des mers, dans les pays de missions, et vous verrez que vous avez fait non-seulement des anges, non-seulement de vrais prêtres, mais qu'il vous fut donné aussi de faire des apôtres et des martyrs.

Là-bas, sous le ciel lointain de la Corée, dans une fosse creusée au versant d'une montagne inconnue de nos yeux, et néanmoins souvent visitée par notre pensée fidèle, il y a une héroïque dépouille qui attend le triomphe réservé à ceux qui trempèrent leur robe dans le sang de l'Agneau, la dépouille d'un jeune martyr, les saintes reliques de Louis Beaulieu. Beaulieu fut l'ouvrage de M. Larrieu.

Sur cette même terre de l'Orient idolâtre, je ne sais où, il y a encore une autre tombe qui a droit aux insignes du martyre, la tombe de Louis Barreau ; Louis Barreau fut aussi, du moins en partie, façonné par ce maître-ouvrier de la Grâce divine.

D'autres sont partis pour relever le drapeau de la Croix tombé des mains mutilées de leurs frères d'avant-garde, et convertir les bourreaux de ceux-ci, ou mourir comme ils sont morts. Ces apôtres, ces conquérants, c'est encore M. Larrieu qui les a faits. Quand ils apprendront là-bas, parmi leurs néophytes, que leur père n'est plus, ils pleureront comme nous avons pleuré.

Et n'allez pas vous imaginer que le travail sur les livres et le travail sur les âmes fussent les seuls labeurs qui occupaient la vie du vénéré Supérieur. Il s'adonnait en même temps à un troisième travail qui chômait moins encore que les deux autres, à savoir, le travail sur lui-même ; et pourquoi faire ? Pour faire un saint. Oui, Messieurs, pour faire un saint. « Soyons des saints, disait souvent et familièrement M. Larrieu, soyons des saints, il n'y a que ça. » Et ce qu'il disait ainsi aux autres, il se le disait premièrement à lui-même ; il se le disait le jour, la nuit, en tout temps, en tout lieu. Quant au vieil homme qui ne voulait pas s'y prêter, *nec enim potest* 1 . il le malmenait terriblement.

Rom. VIII. 26.

Permettez un souvenir.

C'était vers l'époque ou le Monde Catholique, les yeux tournés vers la Ville Eternelle, attendait, avec une pieuse impatience, la définition dogmatique de l'Immaculée Conception. Il plut à M. Larrieu, d'élever un monument en l'honneur de la Vierge Marie, et de s'en faire lui-même l'architecte et le sculpteur. Quand donc il eut arrêté et dessiné son plan, il s'arma de l'ébauchoir, du ciseau, du marteau, et, artiste improvisé, il attaqua un informe bloc de pierre. C'était l'emploi de sa récréation. Quelque temps qu'il fît, sous le soleil, sous la pluie, M. Larrieu, ses outils à la main, poursuivait sans relâche l'éxécution de son idéal. L'œuvre arriva à bonne fin; l'informe bloc de pierre s'était transfiguré en une merveille de sculpture, laquelle devint le trône gracieux d'une gracieuse madone.

Eh bien! sous les yeux des Anges, nous l'affirmons en connaissance de cause, M. Larrieu traitait son vieil homme comme nous l'avions vu traiter son rocher de granit, frappant, retranchant, fouillant, ciselant, polissant et recommençant tous les jours. Il s'agissait de tailler dans ce vieil homme, non plus un froid monument, mais l'image vivante de l'Homme Nouveau qui s'appelle Jésus-Christ, Prêtre éternel.

Et M. Larrieu ne s'épargnait pas à pousser vivement cette sublime besogne. Quel esprit de mortification! Quelle soif de pénitence! Savez-vous que sur sa chair (si chair il y a dans les squelettes), notre Supérieur portait d'ordinaire un rude cilice? On a pu recueillir deux de ces instruments de pénitence qui furent à son usage, tous deux conditionnés ingénieusement, pour l'emploi auquel ils étaient destinés.

Ses journaux de retraite annuelle ont révélé qu'il aurait voulu que chaque instant de sa vie fût marqué par un sacrifice.

On voit là quelle guerre il avait déclarée à toutes les attaches de la nature. Il les voue impitoyablement au saccage, afin qu'il ne reste en lui et avec lui que Dieu seul ; *seul, seul, seul*, écrit-il par trois fois.

Pendant sa retraite de je ne sais quelles vacances, après bien des explorations et de nombreux examens, il fit une découverte : En un obscur recoin de son cœur, il découvrit qu'il tenait trop aux fleurs de son parterre. Aussitôt résolution prise et signée de mettre énergiquement fin à ce désordre.

« O sainte liberté de la mortification, que je vous désire ! » écrit-il ; et il ajoute : « Tout sacrifier, même Bordeaux. »

Bref, c'était de sa part une application sans relâche, *divina obstinatio* [1], à réaliser en lui la perfection de la sainteté sacerdotale, et vous lui rendrez tous cette justice, Messieurs, qu'il n'y avait pas trop mal réussi ; que celui-là était un saint, un saint prêtre, dans tout l'honneur de ce mot où se résume une beauté supérieure à la terre, une grandeur plus haute que les cieux, *Excelsior cœlis* [2].

Donc la mémoire de M. Larrieu exhale le parfum d'un champ plein de fruits : *Odor agri pleni*, parce que sa vie fut une vie de constant travail, travail sur les livres, tra-

[1] Tertullien.
[2] Hebr. VII, 36.

vail sur les âmes, travail sur lui-même. *Memoria Josiæ in compositionem odoris.*

II

Je dis, en second lieu, que cette même mémoire exhale un parfum de nard précieux, *Nardi pistici* [1]; et pourquoi? Parce que la vie de M. Larrieu fut, en même temps qu'une vie de continuel travail, une vie de continuelle et sainte souffrance.

Le nard en effet, nous observent les commentateurs [2] est une plante qui donne un parfum exquis, mais seulement lorsqu'elle est foulée, broyée, et par là, ce parfum est le symbole naturel de celui que laisse après elle une vie de souffrance courageusement supportée dans le Seigneur.

Or, je le répète, la vie de M. Larrieu fut excellemment cela.

Lui qui travailla toujours, il souffrit aussi toujours.

« Je suis malade, même lorsque je jouis de toute ma santé, dit saint Jérôme dans une de ses lettres. » Notre bon Supérieur aurait pu en dire autant. La maladie n'était pas chez lui une exception, c'était la règle. Cette âme et ce corps semblaient n'avoir été associés que pour être l'un à l'autre une cause de tourments et faire mauvais ménage.

Que vouliez-vous que fit cette âme si ardente, si en-

[1] Joan. XII, 3.
[2] S. Liguori, *Selva.*

treprenante, si dédaigneuse de l'obstacle, dans un corps malingre, réfractaire à toute nourriture raisonnable, et réclamant toujours, sous peine de refus de service, un régime privilégié? D'un autre côté, comment ce corps aurait-il pu s'accommoder d'une âme qui n'avait pour lui que les égards rigoureusement obligatoires et prétendait le traîner, sans repos ni merci, à toutes sortes de corvées? L'antipathie était complète, l'incompatibilité aussi. Force était, cependant, de vivre ensemble, puisque le destin avait voulu qu'on naquît ensemble. Mais on vivait mal, très-mal, chacun de son côté, et victime l'un de l'autre.

Le fait est que M. Larrieu menait un régime d'anachorète. Les Chartreux n'ont pas, il s'en faut, une table aussi austère, aussi monotone que l'était la sienne. — Et dire pourtant que, dans chacune de ses retraites, il se reprochait, le saint homme, la sensualité de ses repas!

Cette austérité, cette monotonie excessives, et sans doute d'autres causes inconnues engendrèrent chez lui des maladies cruelles.

Jadis S. Grégoire-le-Grand, écrivant à Secundinus, lui disait ceci : « *Sachez, mon très-cher fils, que la goutte me travaille atrocement. Je ne me souviens pas d'avoir jamais été grand chose; néanmoins, je ne suis plus ce que j'étais et je ne me reconnais plus*[1]. » — M Larrieu se vit condamné aux tortures de S Grégoire, sans les avoir plus méritées que ce Pontife lui-même.

[1] Scire te necesse est, fili carissime, quia tantis podagræ doloribus premor, ut quamvis nunquam me aliquid fuisse reminiscar, valdè tamen me videam non esse qui fuerim (Cf. Baronius, *Annal. Eccl. ann.* 599.)

Plus tard, ce fut pis encore. La maladie qui accabla la vieillesse de Bossuet et le précipita au tombeau, parmi d'intolérables douleurs, cette maladie atroce entre toutes, vint s'ajouter à l'assortiment de croix dont notre Supérieur était déjà si bien muni.

En deux mots, et pour supprimer tous détails, M. Larrieu a passé quarante ans dans ce Séminaire, et pas un jour de ces quarante ans n'a été pour lui exempt de souffrances.

Perpétuellement il aurait pu dire, comme S. Paul, avec la même humilité, mais aussi avec la même vérité que l'Apôtre : « *Les autres sont plus grands que moi, mais mon Maître a voulu que ses stigmates fussent gravés plus profondément dans mon corps que dans le leur, et je porte ces stigmates dans ma chair, et c'est mon partage à moi, de promener dans cette demeure, d'exercice en exercice, partout où je vais, une chair meurtrie comme celle de mon Jésus*, MORTIFICATIONEM JESU IN CORPORE NOSTRO CIRCUMFERENTES [1]. »

Comment faisait-il pour tenir bon parmi des épreuves et des secousses qui en auraient jeté bas tant d'autres ? Entendez le panégyriste de Condé : « Une grande âme, dit-il, est maîtresse du corps qu'elle anime. »

Voilà, Messieurs, la réponse à votre question. Maîtresse du corps qu'elle animait, l'âme de M. Larrieu l'était si bien, que non-seulement jamais il ne se plaignait, mais de plus, loin de s'accorder des dispenses surabondamment légitimées par son état de santé, il donnait l'exemple de

---

[1] S. Paul, *passim*.

l'observation scrupuleuse de la règle. Toujours à son poste ; toujours à l'heure.

Dix fois au moins, à différentes époques, la mort vint frapper à sa porte ; il consignait la mort dans l'antichambre : « Reste là, ou va-t-en ; » et, bien qu'en proie à l'agonie, il se traînait à quelque exercice de la Communauté sans aucune pitié pour lui-même.

A certains jours, ses jambes n'en pouvant plus se mutinaient décidément, et refusaient de le porter au rendez-vous de la règle ; il prenait alors le parti de les y porter elles-mêmes, en se faisant rouler dans un fauteuil par des bras secourables.

Le courage de cet homme-là, rien ne le faisait plier. Quand il fallut affronter des opérations effroyables et souverainement périlleuses, il fit la chose simplement, comme quelqu'un qui, pour être un héros, n'a pas besoin de sortir de son assiette normale. — Me voilà prêt, démolissez cette vieille masure ; quand elle sera totalement démolie, elle aura du moins l'avantage de ne plus payer d'impôts.

Avouons cependant que le lendemain du supplice, il s'accusa par lettre de ne l'avoir pas supporté en stoïcien, et il dénonçait formellement ce qu'il appelait, faut-il le dire ? « sa carcasse, » comme ayant eu la lâcheté de prendre la fièvre pour si peu, et même une fièvre qui la faisait trembler de tous ses membres et bondir comme les béliers de David. »

Sans doute, comme tous les exilés qui savent que leur patrie est plus haut que notre vallée de pleurs, comme toutes les âmes profondes, il avait ses moments de mélancolie. En des moments pareils, Bossuet s'écriait : « Que le

temps est lourd! qu'il est écrasant! qu'il est assomant! »
L'âme de M. Larrieu était, je l'ai toujours soupçonné, quelque peu parente de l'âme de ce grand Évêque. Elle aussi, elle avait un vif sentiment de la misère humaine et de notre triste condition, au milieu des immenses vanités de la terre. Par suite elle était sujette aux tentations de l'ennui. Mais quand il s'apercevait qu'il y avait succombé, avec quelle promptitude il se secouait et faisait effort, pour remonter dans les régions sereines où l'âme s'épanouit aux providentiels rayons du bon plaisir de Dieu, même lorsque ce bon plaisir est de nous crucifier!

Mirabiliter me crucias[1]. Vous me torturez merveilleusement et de main de maître; ô mon Dieu, c'est votre affaire; la mienne est de me soumettre joyeusement à votre volonté, malgré tout, et au besoin, malgré moi-même, et je m'en tiens là.

Ne reconnaissez-vous pas dans ce langage que je lui prête, la traduction fidèle des sentiments de M. Larrieu?

Non, il ne se contentait pas de lutter héroïquement contre ses infirmités, il ne se contentait pas de s'y résigner, il s'élevait jusqu'à les bénir, jusqu'au *Gloriabor in infirmitatibus meis*[2].

Et après tout, ne faut-il pas que, d'une façon ou d'une autre, le prêtre soit marqué d'un caractère de victime, à l'exemple de Jésus-Christ, Prêtre et Victime de son propre Sacrifice? N'est-ce pas cette marque qui fait bien souvent la fécondité de notre ministère, parce que c'est elle qui

[1] Job, X, 16.
[2] II Cor., X, 16.

nous attire la bénédiction de Celui qui se plait à faire éclater sa force toute puissante, dans la faiblesse de la créature?

N'est-ce pas elle qui contribua tout spécialement à la fécondité du ministère de M. Larrieu? Ce Supérieur ne payait pas de mine, il n'était pas taillé pour la représentation : *præsentia corporis infirma* [1] et néanmoins, grande fut l'influence qu'il exerça sur tout le Clergé du diocèse; ineffaçables seront les traces qui restent de son passage. D'où vient cela? De plusieurs causes, je le sais; mais dans les données du problème, le *cùm infirmor tunc potens sum*, ne doit-il pas entrer en ligne de compte?

Quoiqu'il en soit de ce dernier aperçu, la mémoire de notre Josias exhale le parfum du nard, parce que sa vie fut une vie de continuelle souffrance, de souffrance saintement supportée : *Memoria Josiæ in compositionem odoris*.

III

J'ai hâte de le dire enfin, cette mémoire exhale un troisième et dernier parfum, le parfum de l'encens : *Incensum odoris suavissimi* [2].

Pourquoi? Parce que la vie de M. Larrieu, vie de continuel travail et de continuelle souffrance, fut aussi une vie de continuel et évangélique amour.

[1] II Cor. X, 10.
[2] Num. XXVIII, 2.

Oui, ce prêtre qui travailla toujours, qui souffrit toujours, il aima toujours.

Otez cette pierre qui couvre sa tombe : *Tollite lapidem* [3]. Ouvrez son cercueil, mettez la main sur son cœur, et si après trois semaines, ce cœur n'est pas entièrement refroidi, ce n'est pas moi qui m'en étonnerai. Quel cœur de feu ! quel cœur brûlant de toutes les saintes flammes qui peuvent s'allumer dans une poitrine humaine! Ah ! il me tardait d'arriver à cette partie de mon discours, pour rendre hommage au cœur de M. Larrieu, en laissant parler le mien.

O Dieu! c'est vous qui de votre propre main avez formé un à un les cœurs des hommes : *Qui finxit sigillatim corda eorum* [1]. Eh bien! soyez particulièrement béni d'avoir formé celui-là, béni surtout de l'avoir placé sur notre chemin.

Que ne puis-je raconter, célébrer, chanter comme je le voudrais la hauteur, la largeur, la profondeur des augustes et charmantes tendresses dont M. Larrieu portait l'incomparable trésor, dans le vase immaculé de son cœur sacerdotal.

Ses tendresses, où avaient-elles leur source? Dans le ciel, Messieurs, c'est-à-dire, dans cette piété supérieure que le ciel met au cœur des Séraphins d'ici-bas.

C'était un Séraphin, en effet.

L'aviez-vous remarqué dans la célébration des Saints Mystères ! On faisait jadis le voyage de Césarée pour voir

---

[3] Joan. XI, 39.
[1] Ps. XXXII. 15.

saint Basile à l'autel. Notre cher Supérieur aurait valu la peine qu'on se déplaçât pour un but tout semblable.

Il aimait tant Notre Seigneur Jésus-Christ ! Un jour de procession de la Fête-Dieu, on chantait le *Pange lingua*. Au moment où les choristes entonnèrent la troisième strophe :

In supremæ nocte cœnæ,
Recumbens cum fratribus,

quelqu'un avait son regard fixé sur M. le Supérieur, et il le vit qui, levant les yeux au ciel, se mettait à fondre en larmes.

Jésus-Christ, c'était sa vie.

Il vivait de Jésus-Christ, de la pensée de Jésus-Christ, de la méditation de ses mystères, de l'ineffable commerce qu'il avait avec lui par l'oraison. Il vivait encore plus du Corps et du Sang de Jésus-Christ. Tant malade qu'il fût, à moins d'impossibilité absolue, il tenait à célébrer quotidiennement la Sainte Messe, et ne cédait sur ce point à aucune instance contraire. — Mais, vous voyez-bien, Monsieur le Supérieur, que vous ne le pouvez pas. — Je le pourrai, laissez-moi cette consolation. — Mais c'est une grave imprudence. — C'est un besoin de mon âme. — Et brûlé par la fièvre, chancelant, n'ayant plus que le souffle, il montait à l'autel.

Quand le mal, vainqueur à son tour et prenant sa revanche, le clouait sur le grabat, le malade exigeait que chaque nuit, à minuit, on lui apportât le Saint Viatique. Ainsi en a-t-il été jusqu'à ce qu'il s'en est allé boire à un autre calice dans le royaume de Dieu : *Usque in diem illum cùm illud bibam novum in regno Dei* [1]

Comme il vivait de Jésus-Christ, il vivait pour Jésus-Christ, n'ayant pas d'autre intérêt que l'intérêt de la gloire de Jésus-Christ, de la gloire de son Église, de la gloire de son Sacerdoce.

Chaque jour aussi, peu à peu, il mourait, il se tuait, hélas ! pour Jésus-Christ.

On trouvera dans sa succession le manuscrit d'un sermon sur l'amour de Notre-Seigneur. Il a été composé dans les dernières années de sa vie. Le prêtre qui vous parle eut occasion de voir l'auteur le jour même où il venait d'achever son œuvre : « Je viens, me dit-il, d'écrire » un discours sur l'amour de Jésus-Christ; en voilà un » qui a coulé d'abondance, » et partant de là, il continua à parler de son Jésus-Christ, avec les saintes ardeurs d'une Carmélite au jour de sa vêture.

Et y a-t-il au monde un Carmel quelconque où l'on aime la Sainte Vierge Marie, le bienheureux saint Joseph plus qu'il ne les aimait lui-même ?

Lorsque la piété atteint un tel degré de ferveur, elle dilate un cœur d'homme dans des proportions dont le monde ne se doute pas.

Celui de M. Larrieu était vraiment *large comme la mer* [2]. Il y avait là place pour tout ce qui existe; *Omnia quæ sunt* [3].

---

[1] Marc, XIV, 25.
[2] III. Reg. IV. 9.
[3] Sap. XI. 25.

Au-dessus de lui, à côté de lui, au-dessous de lui, M. Larrieu aimait tout le monde.

Mais au centre de ce cœur si vaste et pourtant si peu banal, dans la région la plus intime et la plus chaude, il y avait des places privilégiées. Ai-je besoin de vous dire à qui elles appartenaient ?

C'était d'abord la place des séminaristes. *Ibi Benjamin adolescentulus* [1]. Ces Benjamins de son affection, avec quelle expansion il les accueillait ! Venez, que je vous serre dans mes bras, que je vous cache au meilleur endroit de mon amour. *Ad ubera portabimini, quomodo si cui mater blandiatur ego consolabor vos* [2]. Et les séminaristes se sentaient aimés et ils lui rendaient affection pour affection. Jeunes lévites qui m'entendez, votre attitude, vos regards, vos larmes m'assurent que je dis vrai. Eh bien ! puisque vous aimiez M. Larrieu, continuez à l'aimer encore, et en témoignage de vos sentiments pour ce père qui n'est plus, faites fructifier autour de sa tombe les leçons qu'il vous donna, faites fleurir les germes des vertus cléricales qu'il sema dans vos âmes; *fructificate,.,. florete flores lilium, et frondete in gratiam* [3].

Après la place des séminaristes, c'était la place de ceux qui partageaient avec lui la direction du séminaire. Mais ceux-ci ne veulent pas qu'on parle d'eux.

C'était ensuite la place des prêtres, la place du Clergé diocésain. Ah ! il était bien, celui-là, l'ami de ses frères dans

---

[1] Psalm. LXVI.1 28,
[2] Is. I 66.
[3] Eccli. XXXIX, 17-19

le sacerdoce. *Fratrum amator* [1], notre ami à tous! Pas un prêtre dont il ne fut jaloux de posséder la confiance, en retour de sa propre tendresse : *OEmulor vos* [2], semblait-il nous dire, *testis enim mihi est Deus quomodo cupiam omnes vos in visceribus Jesu Christi* [3]. Tous, tous je vous aime, tous et chacun sans exeption, et je veux que vous le sachiez. Cher bon prêtre, frère bien-aimé, l'autorité Diocésaine vous a peut-être placé dans une paroisse éloignée, perdue au désert, et vous vous plaignez, non sans raison, de n'avoir personne avec qui faire échange de vos pensées. Souvenez-vous du moins qu'il vous reste un ami qui, de loin, songe à vous dans le Seigneur, et s'intéresse à votre situation. Cet ami, c'est moi, et si vous ne voulez pas me constrister, regardez-moi toujours comme tel, à la vie et à la mort. *Ad commoriendum et ad convivendum* [4]. Voilà ce qu'il nous disait et quand il ne le disait pas, tout le disait en lui.

Après la place des séminaristes, des directeurs, des prêtres, je me trompe, avant toutes les autres, c'était la place de ses pénitents, soit séminaristes, soit prêtres. Oui, la place privilégiée entre toutes, elle était pour ceux dont il gouvernait la conscience. Ceux-ci trouvaient là je ne sais quelle onction d'amitié céleste, sacramentelle, dont ils étaient seuls à connaître le charme et qui, parfois, leur révélait en fait de tendresse, comme une nouvelle

---

[1] II. Mach. XV 14.
[2] Cor. 2.
[3] Philip. 1 8.
[4] II Cor. X, 10.

terre, comme des nouveaux cieux. *Novos cœlos et novam terram* [1].

Et ce cœur dont les tendresses avaient une source si haute, des horizons si larges, qui nous en dira la profondeur? Qui nous dira jusqu'où il porta le dévouement? Qui racontera avec quel élan, avec quelle plénitude il le donnait à ceux qu'il aimait?

Saint Bernard a résumé en deux lignes remarquables les qualités que doit avoir un supérieur de communauté : « *Ille prœesse debet qui vino charitatis ebrius œstuat immemor sui*. [2] Celui-là est fait pour être le supérieur en qui fermente et bouillonne le vin de la charité, celui qui est ivre de ce vin jusqu'à s'oublier lui-même. »

Bien dit, Messieurs, bien dit par Saint Bernard, et bien réalisé par M. Larrieu.

Oui, M. Larrieu avait l'ivresse de la charité, et cette ivresse lui faisait perdre le souvenir de lui-même pour ne le laisser songer qu'aux autres.

Les autres étaient tout à ses yeux, et lui il ne comptait pas.

Dans sa dignité de Supérieur, il voyait, avant tout, la prérogative d'être l'esclave de tous en Jésus-Christ ; *servos vestros per Jesum* [3].

Est-ce qu'il n'était pas l'esclave volontaire des séminaristes? Il se dépensait tout entier à leur service, et en se dépensant tout entier au service de tous, il se dépensait

---

[1] II Petr. III, 13.
[2] Epist.
[3] II Cor. IV, 5.

tout entier encore au service de chacun, si bien que chacun pouvait se persuader qu'il était l'objet des préférences du maître et son disciple bien-aimé, *discipulus quem diligebat* [1].

Est-ce qu'il n'était pas l'esclave des prêtres qui venaient lui demander audience? On a vu parfois des représentants de l'autorité ecclésiastique, dont la condition, paraît-il, était fort à plaindre. Leur mauvais sort voulait absolument que le temps leur manquât toujours, et que, faute de temps, ils fussent presque insaisissables aux pauvres prêtres. Les audiences qu'ils leur accordaient avaient les trois qualités des visites que les esprits célestes font aux mortels : fort précieuses, mais très-courtes et infiniment rares. Tel n'était pas M. Larrieu; il nous recevait à toute heure, et nous écoutait, et s'entretenait avec nous comme s'il n'avait eu rien autre chose à faire. Il épousait nos intérêts de quelque nature qu'ils fussent, faisant de nos joies ses joies, et ses peines de nos peines. *Qui de nous était infirme sans qu'il le fût avec nous? Qui de nous était scandalisé sans qu'il partageât notre scandale?*

Est-ce qu'il n'était pas l'esclave de ses pénitents, toujours prêt à les entendre, à les consoler, à se fondre en eux?

Esclave de ceux qu'il aimait, il se fit, au déclin de ses jours, et cela par amour, l'esclave d'une entreprise longtemps caressée en des rêves passionnés. Il se fit l'esclave de la Chapelle qui nous abrite. Pour cette Chapelle, conçue sans péché, chef-d'œuvre d'élégance et de mystique inspi-

---

[1] Joan. XXI, 14.

ration, il mendia l'aumône du Clergé, l'aumône de ses amis (il en avait tant d'amis! et jamais il n'en perdit un seul!)

Pour elle, il se fit tailleur de pierres et maçon. *Quid tu vides, Amos, et dixi : trullam cæmentarii* [1].

Pour elle, il écarta, il balaya des montagnes de difficultés ; pour elle, il fit des prodiges sans nombre, entr'autres le prodige de vivre jusqu'à ce que le monument de son dernier amour fût à peu près achevé, assez achevé pour que la mort venant à se présenter de nouveau à la porte où, tant de fois, elle avait été consignée, M. Larrieu ne fit plus faire antichambre à cette vieille connaissance et lui permit enfin d'entrer.

Elle entra. Couche-là ton corps, dit-elle impérieusement au vénérable récalcitrant qui lui avait si souvent échappé.

M. Larrieu interrogea le bon plaisir de Dieu pour savoir si c'était l'heure, et la réponse ayant été affirmative, il s'exécuta tranquillement, sans aucun signe de trouble ou de crainte. Pourquoi se serait-il troublé? Pourquoi aurait-il craint? « Non, Seigneur, comme disait sainte Thérèse, non, Vie de toutes les vies, vous ne tuez aucun de ceux qui se confient en vous, qui veulent vous avoir pour ami [2]. »

Son ami, son Jésus, M. Larrieu le voyait par la foi, de l'autre côté du trépas, sur le rivage de l'Éternité, *stetit Jesus in littore* [3]. Et ce fut en contemplant cette douce vision ; ce fut en pressant le Crucifix sur son cœur qu'il attendit que la mort frappât le coup suprême sur ce corps

[1] Amos VII, 8.
[2] Œuvres. — Sa vie, c. 7.
[3] Joan. XXI, 4.

depuis longtemps ruiné, et qui n'était plus que le voile transparent d'une âme toute pleine de Dieu.

« Laissez-moi avec le bon Dieu, » murmurait-il d'un souffle entrecoupé, expirant, quand on voulait soulager son agonie par quelque soin affectueux, « laissez-moi avec mon Jésus : » *Desiderium habens dissolvi et esse cum Christo* [1].

Le mardi, 4 juillet 1876, M. Larrieu cessa définitivement de travailler et de souffrir pour aimer plus que jamais, et ne jamais cesser d'aimer.

Il était six heures du soir, *In tempore sacrificii vespertini* [2], l'heure où s'éteignent les feux des holocaustes et où les encensoirs cessent de fumer !

Je me résume et je termine.

La mémoire de M. Larrieu est un composé de parfums; parfum d'un champ plein de fruits, parce que sa vie fut une vie de continuel travail; parfum de nard précieux, parce que sa vie fut une vie de continuelle et sainte souffrance; parfum de l'encens enfin, parce que sa vie fut une vie de continuel et évangélique amour.

Voilà tout ce que j'ai dit, tout ce que j'ai su dire à la louange de ce digne disciple de l'abbé Ollier. Vaines paroles qui passeront bien vite, qui ont presque déjà fait leur temps !!!

Ce n'est pas, d'ailleurs, une oraison funèbre, fût-elle cent fois plus éloquente, qui peut payer la dette du diocèse

[1] Philip., I, 23.
[2] Dan.

de Bordeaux envers l'ancien Supérieur de notre Grand-Séminaire. Heureusement nous avons sous la main un autre moyen de nous acquitter à l'égard de sa mémoire vénérée.

M. Larrieu nous a légué en mourant, le soin de mettre le dernier couronnement, les derniers atours, à la Chapelle qui désormais ombragera sa tombe. Eh bien! prêtres Bordelais, prêtres Girondins, nous qui fûmes ses élèves, ses amis, ses fils ou ses frères, nous ferons honneur à ce testament de notre maître, de notre ami, de notre père, de notre frère dans le Seigneur; et alors de même que sa dépouille, notre reconnaissance pourra reposer en paix.

Oui, cher Monsieur Larrieu, j'en prends l'engagement au nom de ceux qui m'entendent : Bientôt rien ne manquera à votre Chapelle et vos rêves d'artiste amoureux de son œuvre, ces rêves que la mort est venue interrompre seront avant peu une complete réalité : *Nostra promissa faciemus* [1].

A mesure que je prononce ces paroles, il me semble que les cieux s'entr'ouvrent, et que l'image de M. Larrieu se penche vers nous pour nous sourire.

Mes biens aimés, nous dit-il, j'ai entendu et je vous bénis.

Souvenez-vous de moi, ajoute-t-il, *manete in dilectione meâ*; [2] et si mon souvenir vous est cher, soyez mes imitateurs, comme je l'ai été de Jésus-Christ, *Imitatores mei estote sicut et ego Christi* [3].

[1] Dan. IX, 19.
[2] Joan XV, 9.
[3] 1 Cor. IV, 16.

www.ingramcontent.com/pod-product-compliance
Lightning Source LLC
Chambersburg PA
CBHW060508050426
42451CB00009B/876